Impressum
Verlag: BABADADA GmbH, Nedderfeld 112 , 22529 Hamburg
Geschäftsführer / Verlagsleitung: Harald Hof
Druck: Books on Demand GmbH, In de Tarpen 42, 22848 Norderstedt

Imprint
Publisher: BABADADA GmbH, Nedderfeld 112 , 22529 Hamburg, Germany
Managing Director / Publishing direction: Harald Hof
Print: Books on Demand GmbH, In de Tarpen 42, 22848 Norderstedt

okul

escuela

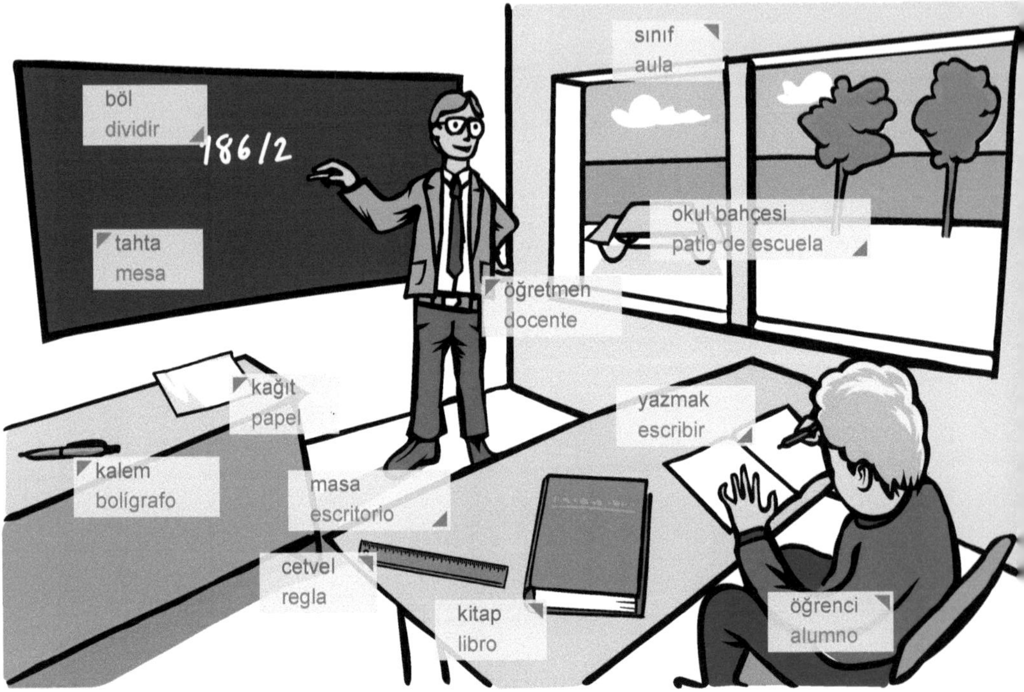

sınıf
aula
böl
dividir
186/2
tahta
mesa
okul bahçesi
patio de escuela
öğretmen
docente
kağıt
papel
yazmak
escribir
kalem
bolígrafo
masa
escritorio
cetvel
regla
kitap
libro
öğrenci
alumno

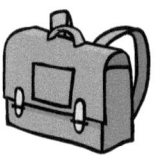

okul çantası

mochila escolar

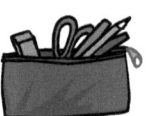

kalemlik

caja de lápices

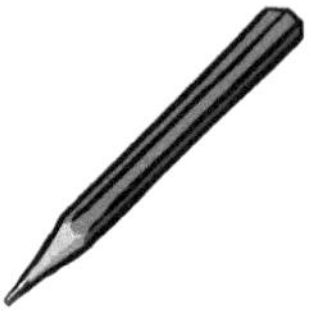

kurşun kalem

lápiz

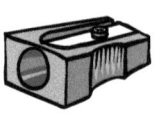

kalem açacağı

sacapuntas

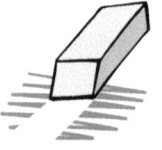

silgi

goma de borrar

çizim defteri

bloc de dibujo

çizim

dibujo

resim fırçası

pincel

boya kutusu

caja de pinturas

makas

tijera

tutkal

pegamento

alıştırma kitabı

libro de ejercicios

ödev

tarea

12

sayı

número

2+2

ekle

sumar

5-2

çıkar

restar

2×2

çarp

multiplicar

hesapla

calcular

A

harf

letra

ABCDEFG HIJKLMN OPQRSTU VWXYZ

alfabe

alfabeto

hello

kelime

palabra

metin

texto

okumak

leer

tebeşir

tiza

ders

lección

kayıt

libro de clase

sınav

examen

sertifika

certificado

okul forması

uniforme escolar

eğitim

educación

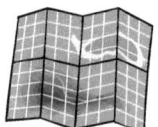

ansiklopedi

enciclopedia

üniversite

universidad

mikroskop

microscopio

harita

mapa

kağıt çöp kutusu

cesto de papeles

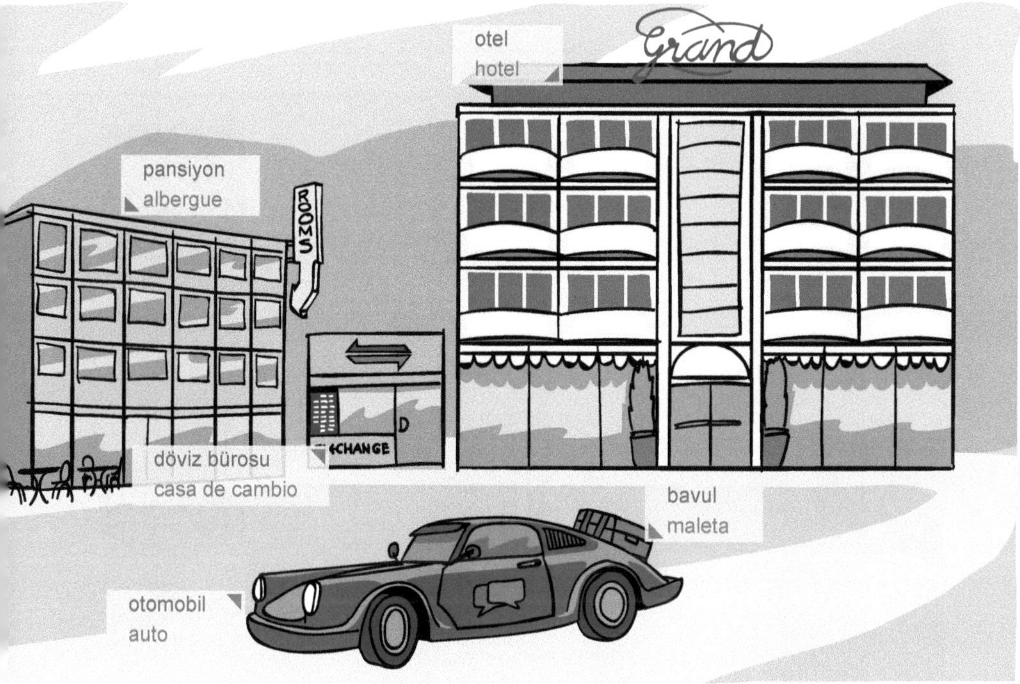

otel
hotel
Grand
pansiyon
albergue
ROOMS
EXCHANGE
döviz bürosu
casa de cambio
bavul
maleta
otomobil
auto

dil

idioma

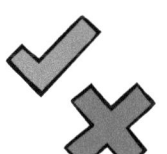

evet / hayır

sí / no

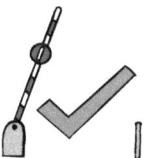

Tamam

ok

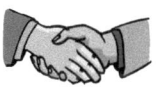

merhaba

hola

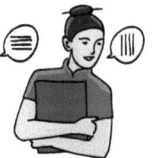

çevirmen

intérprete

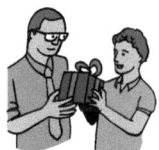

Teşekkür ederim

gracias

bu … ne kadar?

¿Cuánto cuesta…?

anlamadım

No entiendo

problem

problema

İyi akşamlar!

¡Buenas tardes!

Günaydın!

¡Buenos días!

İyi geceler!

¡Buenas noches!

güle güle

adiós

yön

dirección

bagaj

equipaje

çanta

bolso

sırt çantası

mochila

misafir

invitado

oda

cuarto

uyku tulumu

saco de dormir

çadır

tienda de campaña

turist danışma

información al turista

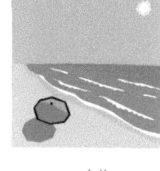

sahil

playa

kredi kartı

tarjeta de crédito

kahvaltı

desayuno

öğle yemeği

almuerzo

akşam yemeği

cena

Bilet

pasaje

asansör

ascensor

pul

sello

sınır

límite

gümrük

aduana

elçilik

embajada

vize

visa

pasaport

pasaporte

ulaşım
transporte

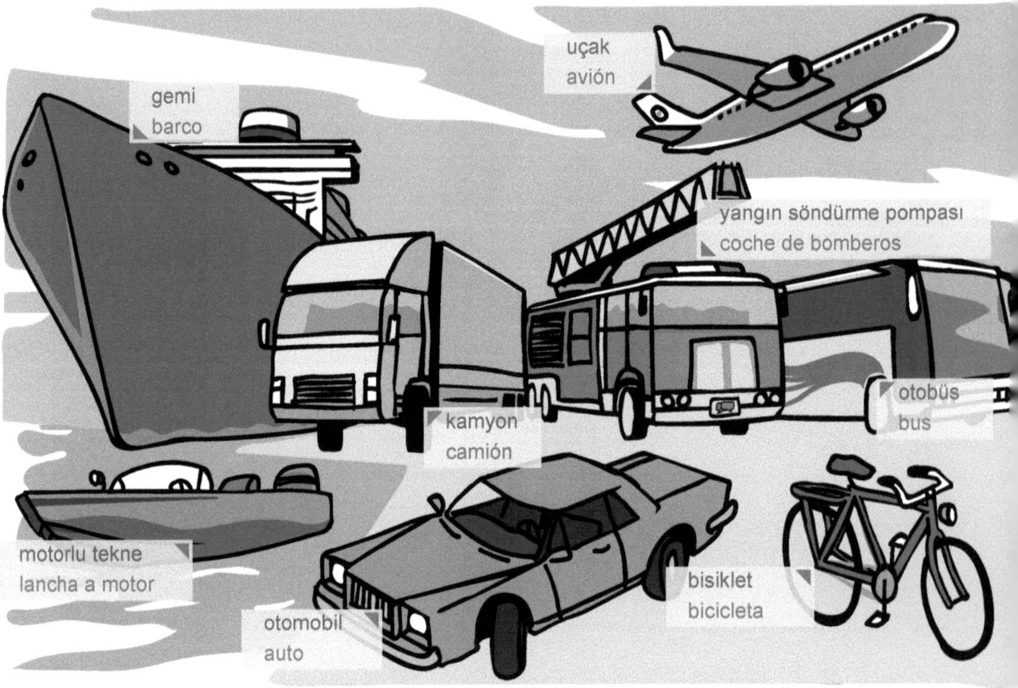
uçak
avión
gemi
barco
yangın söndürme pompası
coche de bomberos
otobüs
bus
kamyon
camión
motorlu tekne
lancha a motor
bisiklet
bicicleta
otomobil
auto

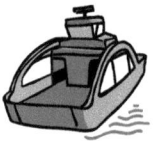

feribot
balsa

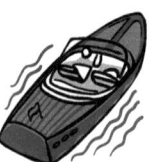

bot
lancha

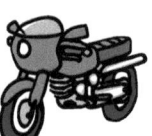

motosiklet
motocicleta

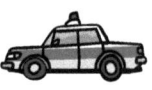

polis arabası
auto de policía

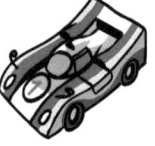

yarış arabası
auto de carreras

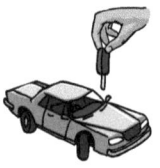

kiralık araba
auto de alquiler

ortak araba

alquiler de autos

çekici

grúa

çöp kamyonu

vehículo recolector de basura

motor

motor

yakıt

gasolina

benzinlik

gasolinera

trafik işareti

señal de tráfico

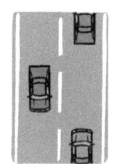

trafik

tránsito

trafik sıkışıklığı

atasco

otopark

estacionamiento

tren istasyonu

estación de tren

ray

carril

tren

tren

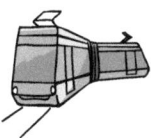

tramvay

tranvía

vagon

vagón

helikopter
helicóptero

havaalanı
aeropuerto

kule
torre

yolcu
pasajero

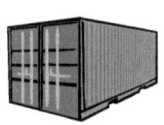

konteyner
contenedor

koli
caja de cartón

yük arabası
carro

sepet
cesta

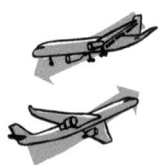

kalkış / iniş
despegar / aterrizar

şehir

ciudad

köy
aldea

şehir merkezi
centro de la ciudad

ev
casa

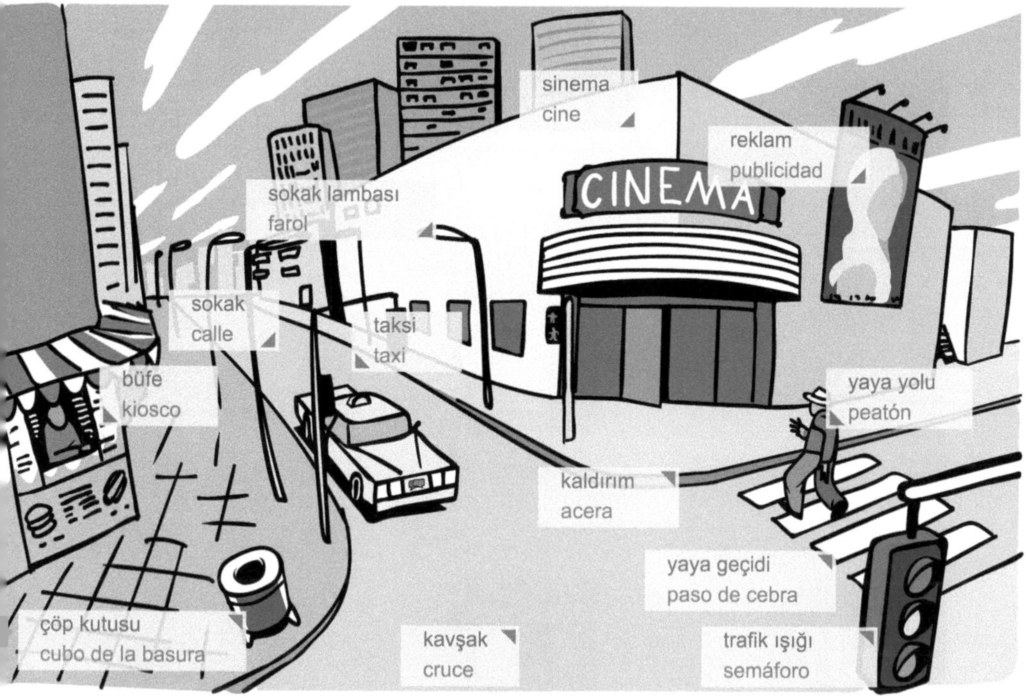

sinema
cine
reklam
publicidad
CINEMA
sokak lambası
farol
sokak
calle
taksi
taxi
büfe
kiosco
yaya yolu
peatón
kaldırım
acera
yaya geçidi
paso de cebra
çöp kutusu
cubo de la basura
kavşak
cruce
trafik ışığı
semáforo

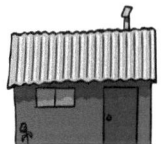

kulübe
cabaña

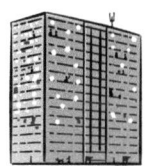

apartman dairesi
apartamento

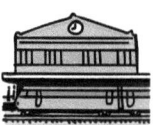

tren istasyonu
estación de tren

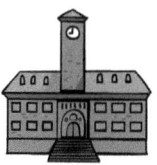

belediye binası
ayuntamiento

MUSEUM

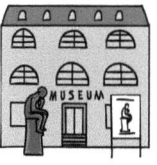

müze
museo

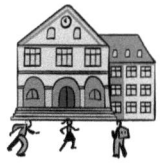

okul
escuela

üniversite
universidad

banka
banco

hastane
hospital

otel
hotel

eczane
farmacia

ofis
oficina

kitapçı
librería

mağaza
negocio

çiçekçi
florería

süpermarket
supermercado

market
mercado

büyük mağaza
grandes almacenes

balık satıcısı
pescadería

alışveriş merkezi
centro comercial

liman
puerto

park
parque

bank
banco

köprü
puente

merdiven
escalera

metro
metro

tünel
tünel

otobüs durağı
parada de autobuses

bar
bar

restoran
restaurante

posta kutusu
buzón de correo

sokak tabelası
letrero

otopark sayacı
parquímetro

hayvanat bahçesi
zoológico

yüzme havuzu
piscina

cami
mezquita

çiftlik

granja

kirlilik

polución

mezarlık

cementerio

kilise

iglesia

oyun alanı

parque infantil

tapınak

templo

arazi

paisaje

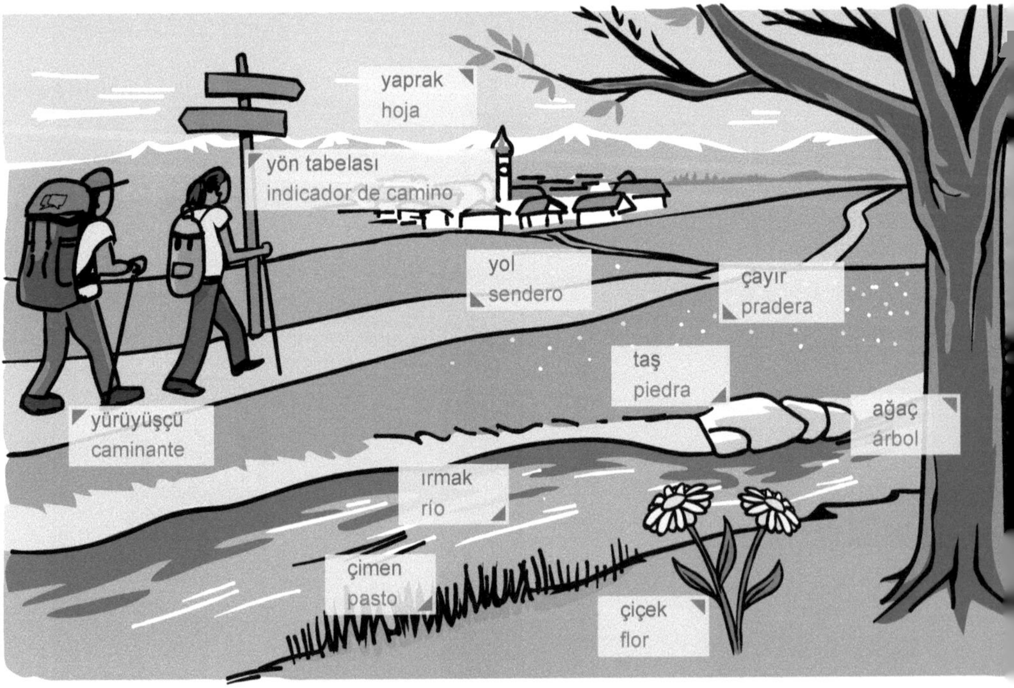

yaprak
hoja

yön tabelası
indicador de camino

yol
sendero

çayır
pradera

taş
piedra

yürüyüşçü
caminante

ağaç
árbol

ırmak
río

çimen
pasto

çiçek
flor

vadi
valle

tepe
montaña

göl
lago

orman
bosque

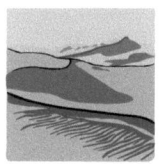

çöl
desierto

volkan
volcán

kale
castillo

gökkuşağı
arco iris

mantar
seta

palmiye
palmera

sivrisinek
mosquito

sinek
mosca

karınca
hormiga

arı
abeja

örümcek
araña

böcek

escarabajo

kurbağa

rana

sincap

ardilla

kirpi

erizo

yabani tavşan

liebre

baykuş

lechuza

kuş

pájaro

kuğu

cisne

yaban domuzu

jabalí

geyik

ciervo

geyik

alce

baraj

embalse

rüzgar türbini

aerogenerador

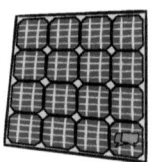

güneş paneli

módulo solar

iklim

clima

restoran
restaurante

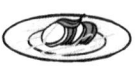

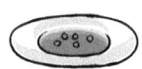

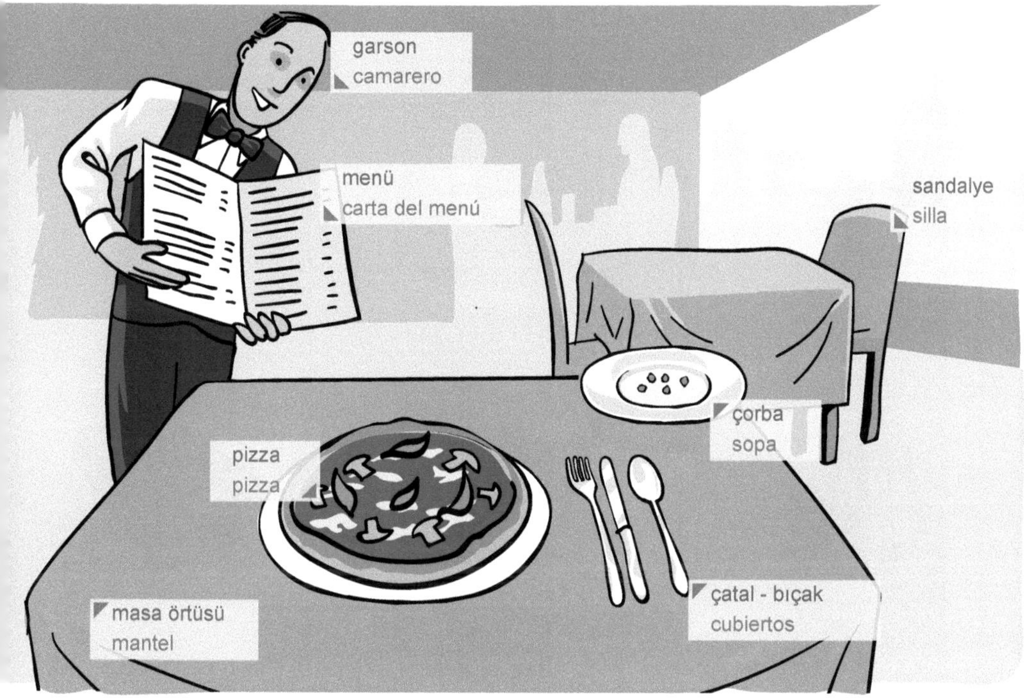
garson
camarero
menü
carta del menú
sandalye
silla
çorba
sopa
pizza
pizza
çatal - bıçak
cubiertos
masa örtüsü
mantel

başlangıç

entrada

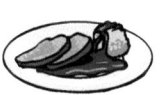

ana yemek

plato principal

tatlı

postre

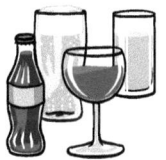

içecekler

bebida

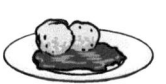

yemek

comida

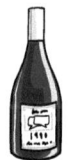

şişe

botella

fastfood
comida rápida

sokak yemeği
comida callejera

çaydanlık
tetera

şekerlik
azucarera

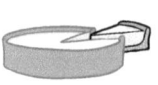

porsiyon
porción

espresso makinesi
máquina de espresso

mama sandalyesi
silla alta

fatura
factura

tepsi
bandeja

bıçak
cuchillo

çatal
tenedor

kaşık
cuchara

çay kaşığı
cuchara de té

servis peçetesi
servilleta

bardak
vaso

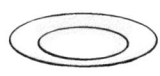

tabak
plato

çorba kasesi
plato de sopa

fincan altlığı
platillo

sos
salsa

tuzluk
salero

karabiber değirmeni
molinillo para pimienta

sirke
vinagre

yağ
aceite

baharat
especias

ketçap
ketchup

hardal
mostaza

mayonez
mayonesa

süpermarket

supermercado

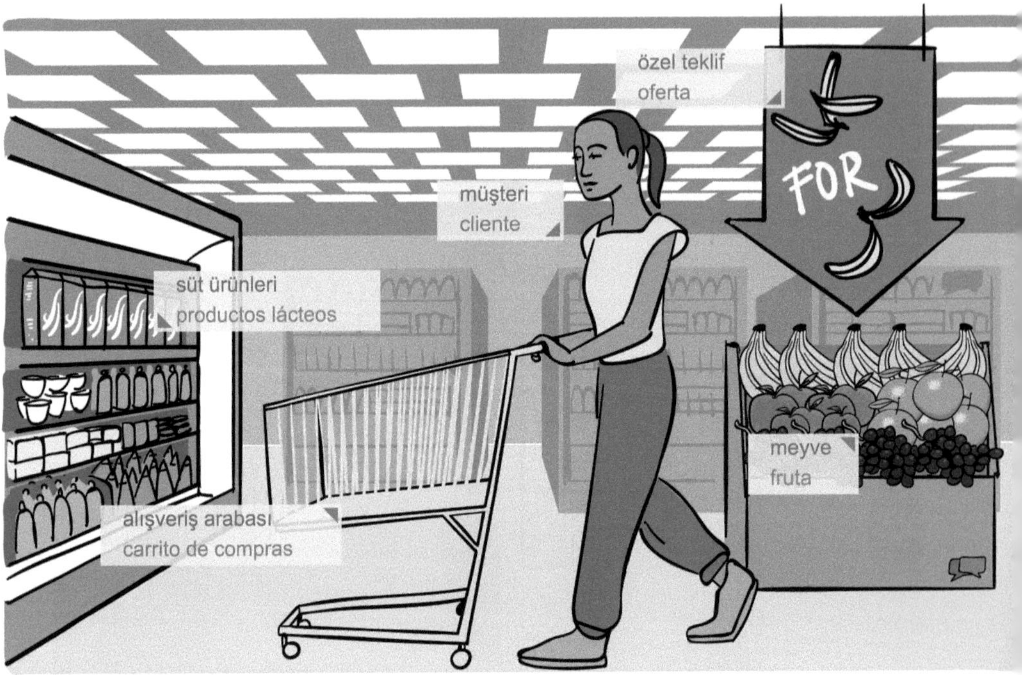

özel teklif
oferta
FOR
müşteri
cliente
süt ürünleri
productos lácteos
meyve
fruta
alışveriş arabası
carrito de compras

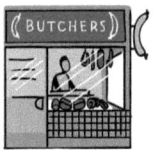

BUTCHERS

kasap

carnicería

BAKERY

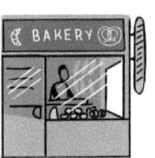

fırın

panadería

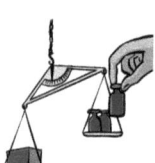

tartmak

pesar

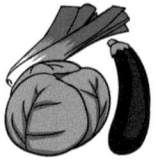

sebze

verdura

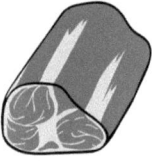

et

carne

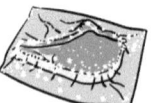

donmuş gıda

alimentos congelados

söğüş et
fiambre

konserve yiyecek
conservas

toz deterjan
detergente en polvo

şekerlemeler
dulces

ev temizlik ürünleri
artículos domésticos

temizlik ürünleri
productos de limpieza

satış görevlisi
vendedora

yazar kasa
caja

kasiyer
cajero

alışveriş listesi
lista de compras

açılış saatleri
horario de atención

cüzdan
cartera

kredi kartı
tarjeta de crédito

çanta
maleta

plastik poşet
bolsa plástica

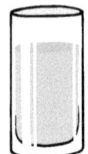

su

agua

meyve suyu

jugo

süt

leche

kola

refresco de cola

şarap

vino

bira

cerveza

alkol

alcohol

kakao

cacao

çay

té

kahve

café

espresso

espresso

kapuçino

cappuccino

muz

banana

elma

manzana

portakal

naranja

kavun

sandía

limon

limón

havuç

zanahoria

sarımsak

ajo

bambu

bambú

soğan

cebolla

mantar

seta

çerez

nueces

makarna

fideos

spagetti
espagueti

pirinç
arroz

salata
ensalada

cips
patatas fritas

patates kızartması
patatas salteadas

pizza
pizza

hamburger
hamburguesa

sandviç
sándwich

şinitzel
escalope

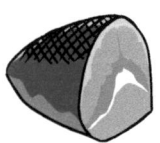

pastırma
jamón

salam
salame

sosis
embutido

tavuk
pollo

rosto
asado

balık
pescado

yulaf ezmesi

copos de avena

müsli

musli

mısır gevreği

copos de maíz tostado

un

harina

kruvasan

croissant

küçük ekmek

panecillo

ekmek

pan

tost

tostada

bisküvi

galletas

tereyağı

mantequilla

kaymak

cuajada

kek

pastel

yumurta

huevo

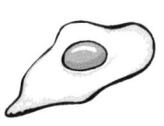

sahanda yumurta

huevo frito

peynir

queso

dondurma

helado

şeker

azúcar

bal

miel

reçel

mermelada

fındık ezmesi

praliné

köri

curry

yemek - comida

çiftlik
granja

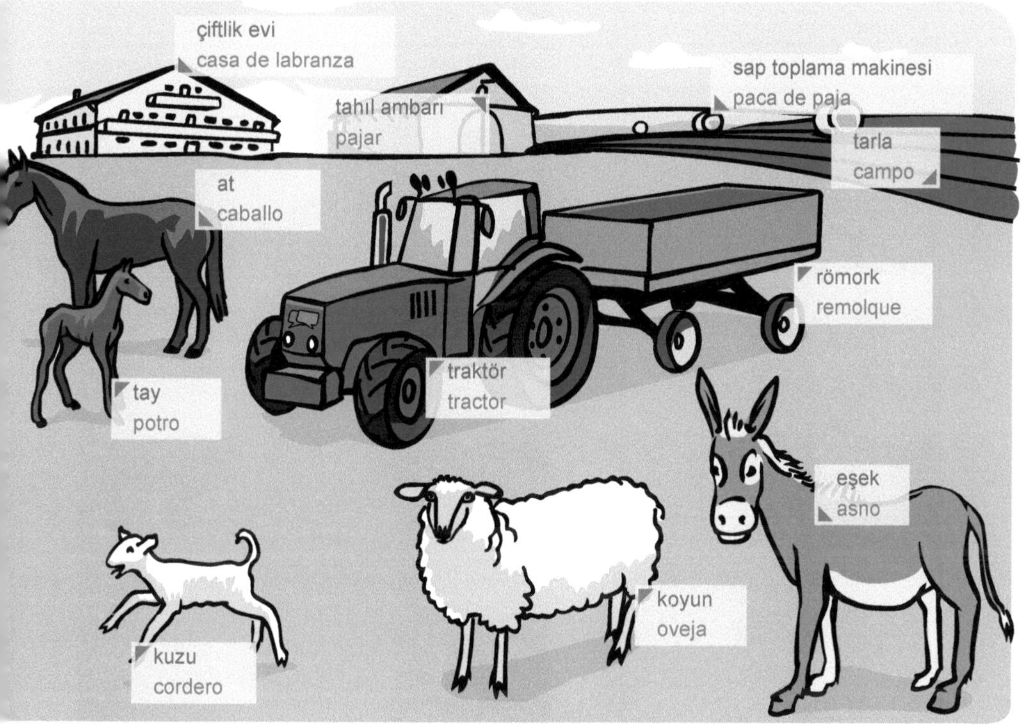
çiftlik evi
casa de labranza
tahıl ambarı
pajar
sap toplama makinesi
paca de paja
tarla
campo
at
caballo
römork
remolque
traktör
tractor
tay
potro
eşek
asno
koyun
oveja
kuzu
cordero

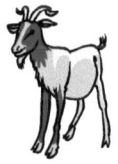

keçi
cabra

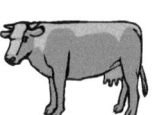

inek
vaca

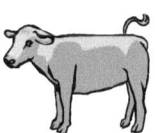

buzağı
ternero

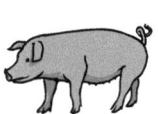

domuz
cerdo

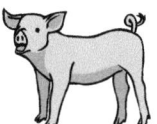

domuz yavrusu
lechón

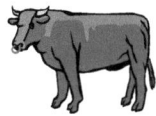

boğa
toro

kaz

ganso

ördek

pato

civciv

polluelo

tavuk

pollo

horoz

gallo

sıçan

rata

kedi

gato

fare

ratón

öküz

buey

köpek

perro

köpek kulübesi

caseta del perro

bahçe hortumu

manguera de riego

sulama kabı

regadera

tırpan

guadaña

pulluk

arado

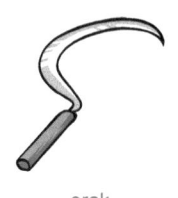

orak

hoz

çapa

azada

dirgen

bieldo

balta

hacha

el arabası

carretilla

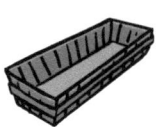

yemlik

abrevadero

süt kovası

lechera

çuval

saco

çit

cerca

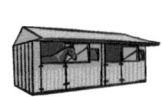

ahır

establo

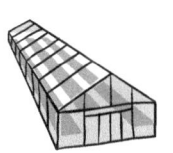

sera

invernadero

toprak

suelo

tohum

semilla

gübre

fertilizante

biçerdöver

cosechadora

hasat etmek

cosechar

harman

cosecha

tatlı patates

raíz de ñame

buğday

trigo

soya

soja

patates

patata

mısır

maíz

kolza

colza

meyve ağacı

Árbol frutal

manyok

mandioca

hububat

cereales

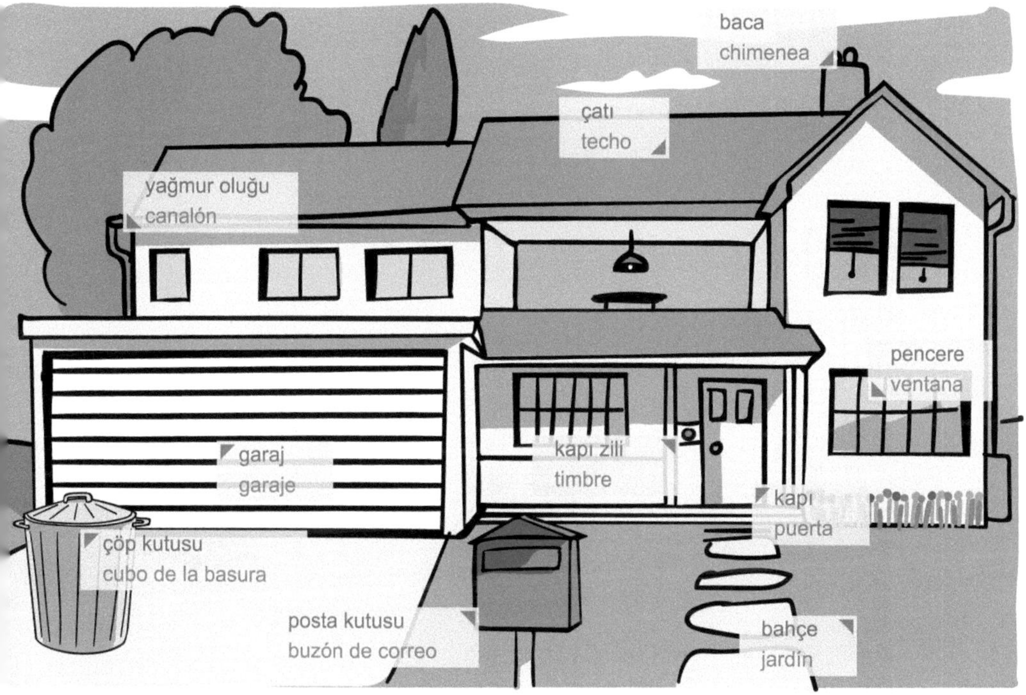

baca
chimenea

çatı
techo

yağmur oluğu
canalón

pencere
ventana

garaj
garaje

kapı zili
timbre

kapı
puerta

çöp kutusu
cubo de la basura

posta kutusu
buzón de correo

bahçe
jardín

oturma odası
cuarto de estar

banyo
cuarto de baño

mutfak
cocina

yatak odası
dormitorio

çocuk odası
cuarto de los niños

yemek odası
comedor

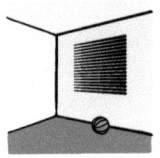

zemin

piso

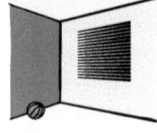

duvar

pared

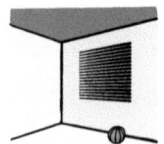

tavan

cielorraso

kiler

sótano

sauna

sauna

balkon

balcón

teras

terraza

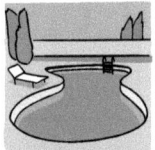

havuz

piscina

çim biçme makinesi

cortacésped

çarşaf

funda nórdica

yatak örtüsü

edredón

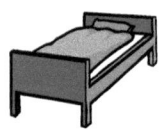

yatak

cama

süpürge

escoba

kova

cubo

anahtar

interruptor

oturma odası
cuarto de estar

duvar kağıdı
papel para empapelar
resim
imagen
lamba
lámpara
raf
estante
dolap
gabinete
televizyon
televisor
şömine
hogar
çiçek
flor
minder
cojín
kanepe
sofá
vazo
florero
uzaktan kumanda
control remoto

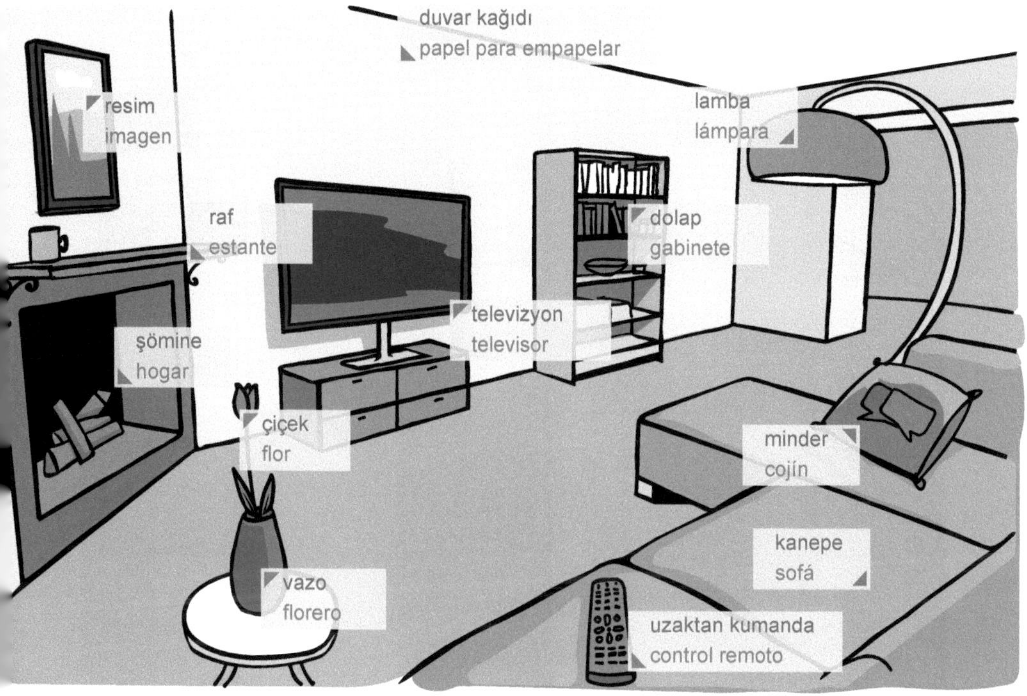

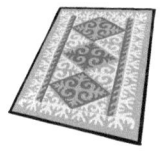

halı
alfombra

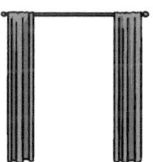

perde
cortina

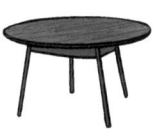

masa
mesa

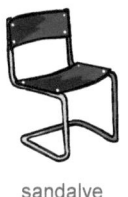

sandalye
silla

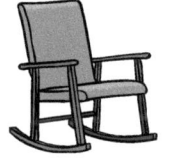

salıncaklı koltuk
mecedora

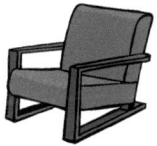

koltuk
sillón

kitap
libro

battaniye
frazada

dekor
decoración

odun
leña

film
film

hi-fi
equipo estereofónico

anahtar
llave

gazete
periódico

tablo
cuadro

poster
póster

radyo
radio

defter
bloc de notas

elektrikli süpürge
aspiradora

kaktüs
cactus

mum
vela

mutfak
cocina

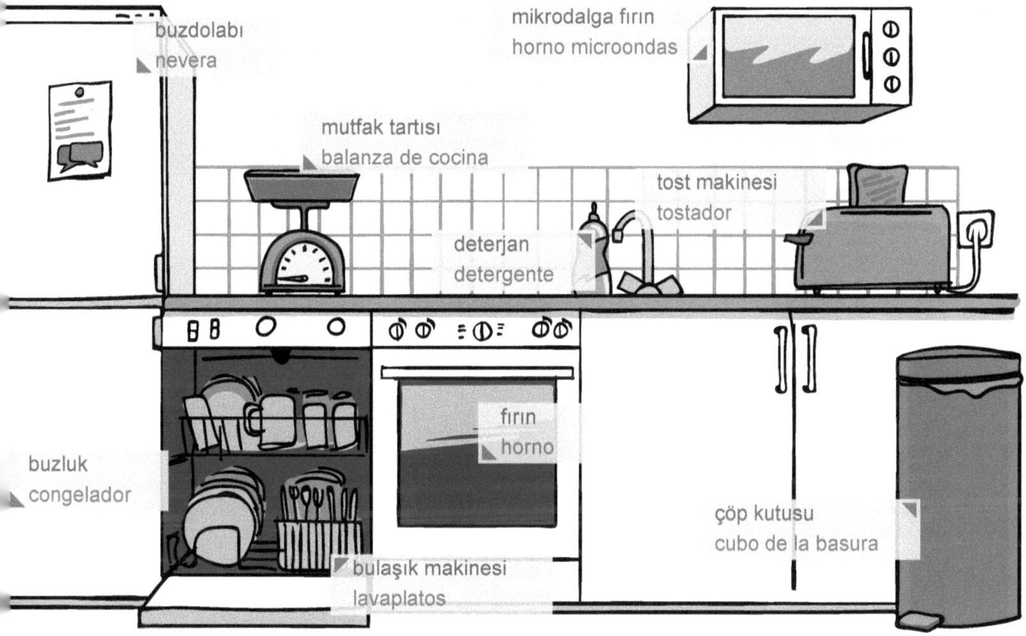
buzdolabı
nevera
mikrodalga fırın
horno microondas
mutfak tartısı
balanza de cocina
tost makinesi
tostador
deterjan
detergente
fırın
horno
buzluk
congelador
çöp kutusu
cubo de la basura
bulaşık makinesi
lavaplatos

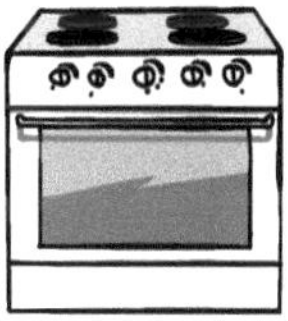

ocak

cocina

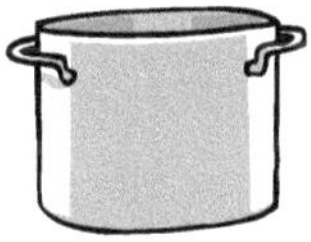

tencere

olla

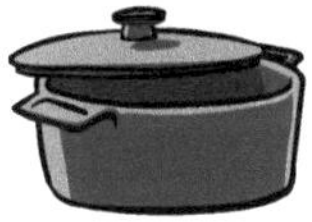

döküm tencere

olla de fundición de hierro

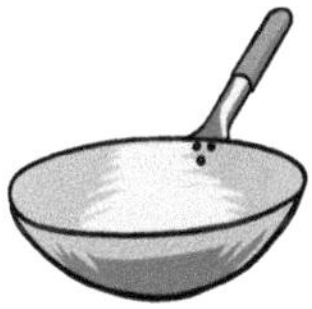

wok

wok / kadai

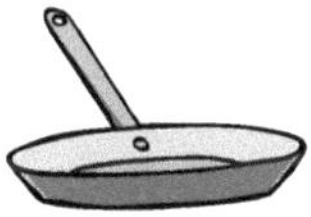

tava

sartén

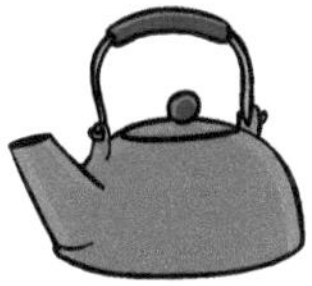

su ısıtıcı

hervidor de agua

buharlı pişirici

olla de vapor

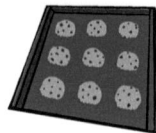

pişirme tepsisi

bandeja de horno

tabak takımı

vajilla

kupa

vaso

kase

bol

çubuk (çin yemeği)

palillos para comer

kepçe

cucharón de sopa

spatula

espátula

çırpma teli

batidor

süzgeç

colador

elek

cedazo

rende

rallador

havan

mortero

barbekü

parrillada

açık ateş

fogata

mutfak - cocina

kesme tahtası

tabla de picar

merdane

rodillo

tirbüşon

sacacorchos

konserve kutusu

lata

konserve açacağı

abrelatas

fırın eldiveni

agarrador

evye

fregadero

fırça

cepillo

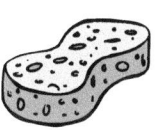

sünger

esponja

blender

batidora

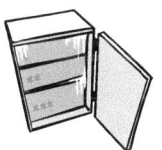

derin dondurucu

arcón congelador

biberon

biberón

musluk

grifo

banyo

cuarto de baño

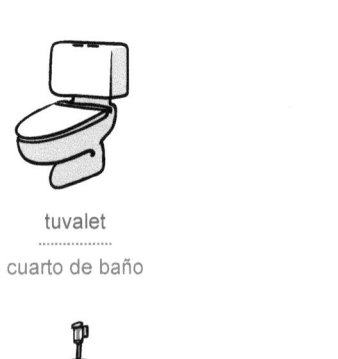

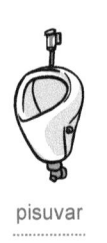

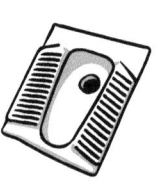

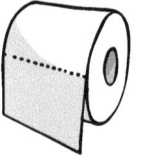

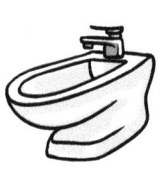

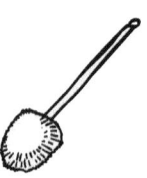

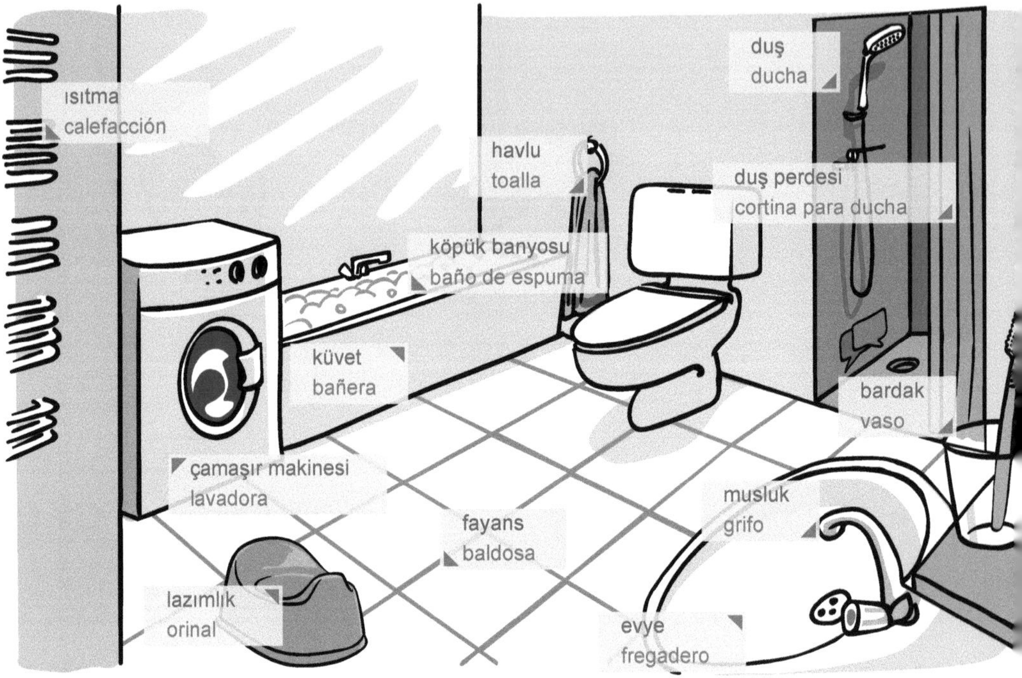

ısıtma
calefacción
havlu
toalla
duş
ducha
duş perdesi
cortina para ducha
köpük banyosu
baño de espuma
küvet
bañera
bardak
vaso
çamaşır makinesi
lavadora
musluk
grifo
fayans
baldosa
lazımlık
orinal
evye
fregadero

tuvalet

cuarto de baño

alaturka tuvalet

placa turca

bide

bidé

pisuvar

urinario

tuvalet kağıdı

papel higiénico

tuvalet fırçası

escobilla para el cuarto de baño

diş fırçası
cepillo de dientes

diş macunu
pasta dentífrica

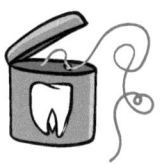

diş ipi
seda dental

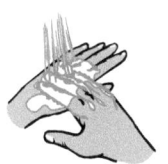

yıkamak
lavar

duş başlığı
ducha teléfono

duş başlığı şeklinde taharet musluğu
ducha higiénica

küvet
cuenco

banyo fırçası
cepillo para la espalda

sabun
jabón

duş jeli
gel de ducha

şampuan
champú

banyo lifi
manopla para baño

gider
desagüe

krem
crema

deodorant
desodorante

ayna

espejo

el aynası

espejo de maquillaje

jilet

máquina de afeitar

tıraş köpüğü

espuma de afeitar

tıraş losyonu

loción para después del afeitado

tarak

peine

fırça

cepillo

saç kurutma makinesi

secador para cabello

saç spreyi

laca de peinado

makyaj

maquillaje

ruj

lápiz labial

tırnak cilası

laca para uñas

pamuk

algodón

tırnak makası

tijera para uñas

parfüm

perfume

banyo - cuarto de baño

makyaj çantası

neceser

tabure

taburete

tartı

balanza

bornoz

bata de baño

lastik eldiven

guantes de goma

tampon

tampón

kadın pedi

compresa

kimyevi tuvalet

wáter químico

çocuk odası
cuarto de los niños

çalar saat
despertador
peluş oyuncak
animal de peluche
oyuncak araba
auto de juguete
çıngırak
sonajero
bebek evi
casa de muñecas
hediye
obsequio

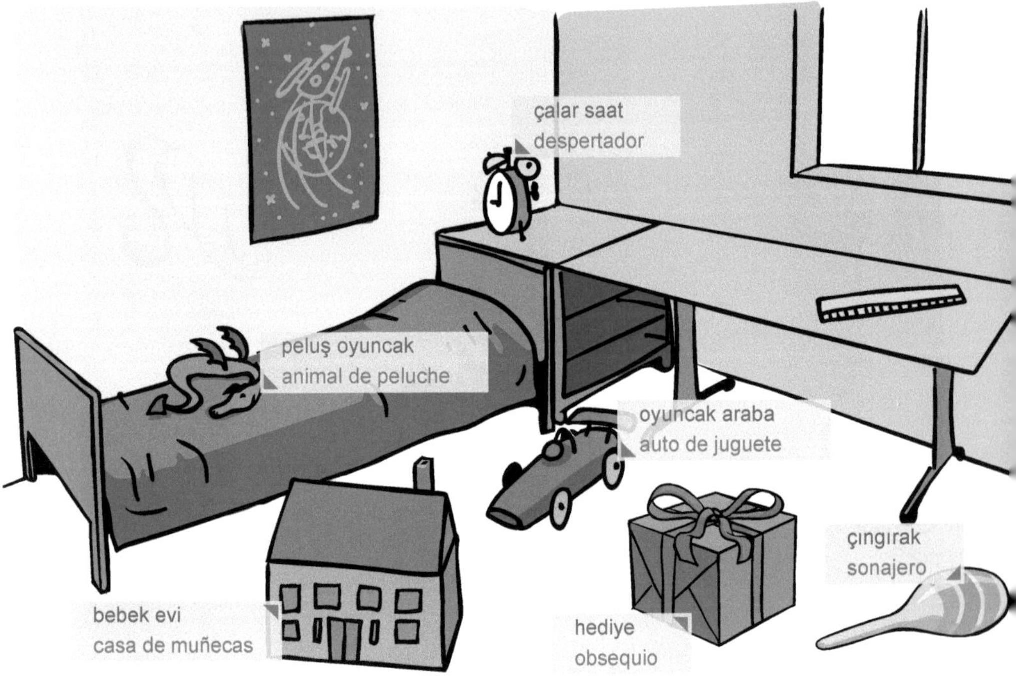

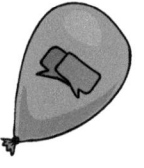

balon
globo

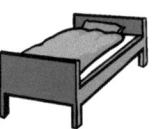

yatak
cama

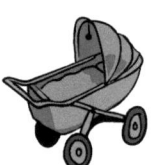

bebek arabası
cochecito para niños

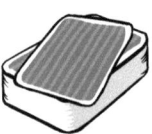

kart destesi
juego de barajas

yapboz
rompecabezas

SUPER MEGA

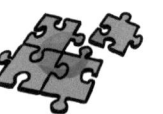

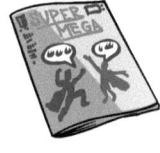

çizgi roman
cómic

lego tuğlaları

piezas de Lego

lego blokları

bloques para jugar

aksiyon figürü

figura de acción

zıbın

pijama de una pieza

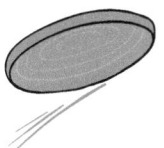

frizbi

frisbee

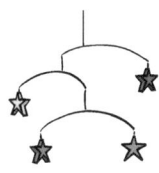

dönence

móvil

masa oyunu

juego de mesa

zar

dado

model tren seti

tren eléctrico a escala

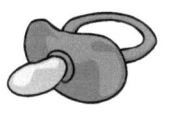

emzik

chupete

parti

fiesta

resimli kitap

libro de dibujos

top

pelota

oyuncak bebek

títere

oynamak

jugar

kum havuzu

arenero

salıncak

columpio

oyuncaklar

juguetes

video oyun konsolu

consola de videojuego

üç tekerlekli bisiklet

triciclo

oyuncak ayı

osito de peluche

gardırop

guardarropa

kıyafet
vestimenta

çorap

calcetines

külotlu çorap

medias

tayt

panti

eşarp
chal

kemer
cinturón

şemsiye
paraguas

tişört
camiseta

bot
botas

terlik
zapatilla

spor ayakkabı
deportivas

sandalet
sandalias

ayakkabı
zapatos

lastik çizme
botas de goma

külot
ropa interior

sütyen
corpiño

yelek
camiseta

kıyafet - vestimenta

45

dar bluz

body

pantolon

pantalón

kot pantolon

jeans

etek

falda

bluz

blusa

gömlek

camisa

kazak

pullover

süveter

sweater

blazer

blazer

ceket

chaqueta

mont

abrigo

yağmurluk

impermeable

kostüm

traje chaqueta

elbise

vestido

gelinlik

vestido de bodas

takım elbise

traje

gecelik

camisón

pijama

pijama

sari

sari

baş örtüsü

pañuelo de cabeza

türban

turbante

burka

burka

kaftan

caftán

çarşaf

abaya

mayo

traje de baño

erkek mayosu

bañador

şort

shorts

eşofman

chándal

önlük

delantal

eldiven

guante

düğme

botón

gözlük

gafa

bilezik

brazalete

kolye

cadena

yüzük

anillo

küpe

aro

kep

gorra

portmanto

percha

şapka

sombrero

kravat

corbata

fermuar

cierre a cremallera

kask

casco

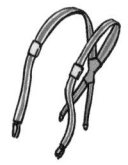

pantolon askısı

tiradores

okul forması

uniforme escolar

üniforma

uniforme

mama önlüğü

babero

emzik

chupete

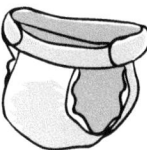

bebek bezi

pañal

sunucu
servidor

dosya dolabı
archivador

kağıt
papel

yazıcı
impresora

monitör
monitor

masa
escritorio

fare
ratón

klasör
carpeta

klavye
teclado

kağıt çöp kutusu
cesto de papeles

sandalye
silla

bilgisayar
ordenador

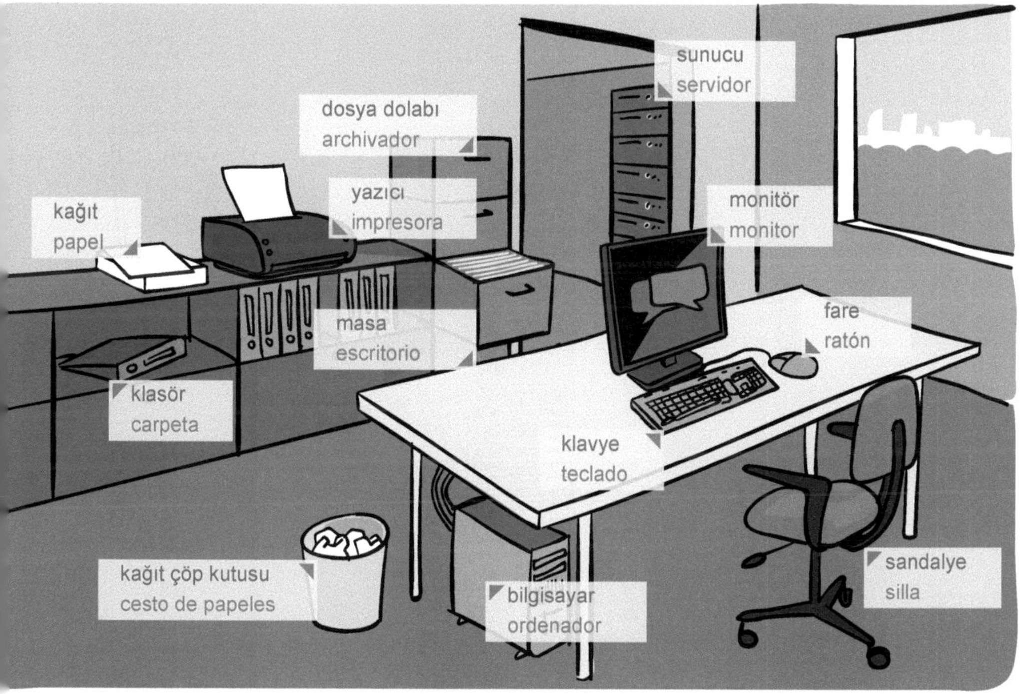

kahve fincanı

taza de café

hesap makinesi

calculadora

internet

internet

ofis - oficina

49

dizüstü
laptop

mektup
carta

mesaj
mensaje

cep telefonu
teléfono móvil

ağ
red

fotokopi makinesi
fotocopiadora

yazılım
software

telefon
teléfono

priz
tomacorriente

faks makinesi
máquina de fax

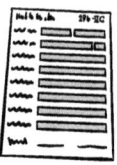

form
formulario

belge
documento

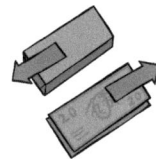

satın almak
....
comprar

ödemek
....
pagar

ticaret yapmak
....
comerciar

para
....
dinero

dolar
....
dólar

avro
....
euro

yen
....
yen

ruble
....
rublo

İsviçre frangı
....
franco

Çin yuanı
....
renminbi

rupi
....
rupia

kasa
....
cajero automático

döviz bürosu

casa de cambio

altın

oro

gümüş

plata

petrol

petróleo

enerji

energía

fiyat

precio

kontrat

contrato

vergi

impuesto

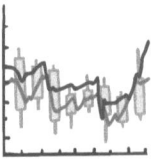

menkul değer

acción

çalışmak

trabajar

işveren

empleado

işçi

empleador

fabrika

fábrica

mağaza

negocio

meslekler
ocupaciones

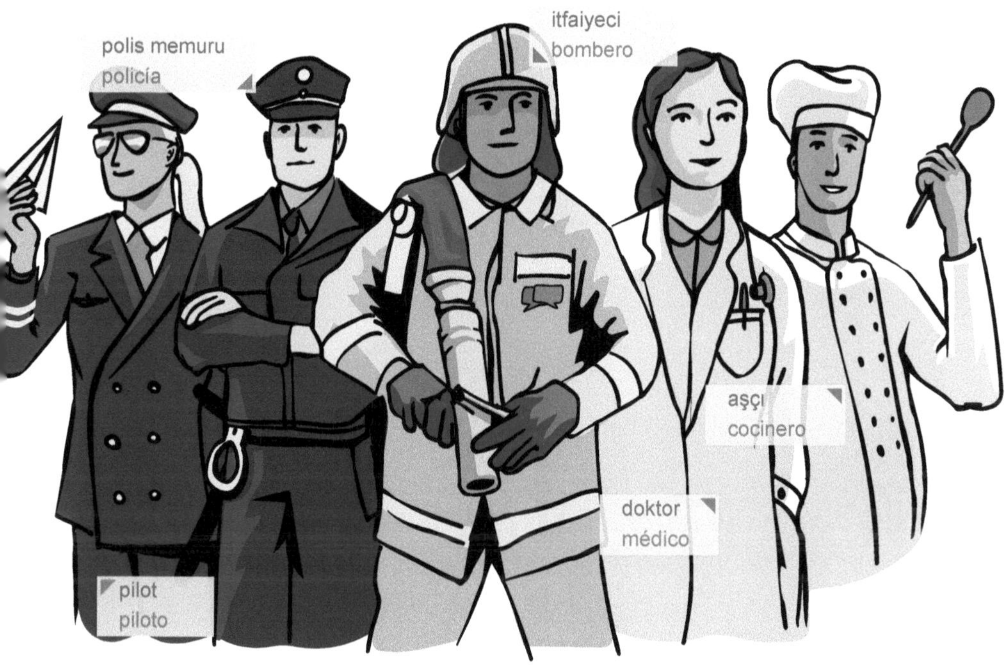

polis memuru
policía
itfaiyeci
bombero
aşçı
cocinero
doktor
médico
pilot
piloto

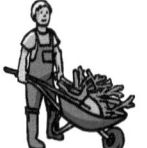

bahçıvan

jardinero

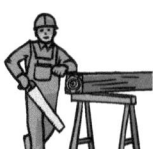

marangoz

carpintero

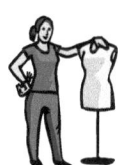

terzi

costurera

hakim

juez

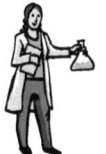

kimyager

químico

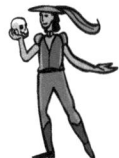

aktör

actor

otobüs şoförü

conductor de autobús

taksi şoförü

taxista

balıkçı

pescador

temizlikçi

mujer de la limpieza

çatı ustası

techista

garson

camarero

avcı

cazador

boyacı

pintor

fırıncı

panadero

elektrikçi

electricista

inşaatçı

albañil

mühendis

ingeniero

kasap

carnicero

muslukçu

fontanero

postacı

cartero

asker
soldado

mimar
arquitecto

kasiyer
cajero

çiçekçi
florista

kuaför
peluquero

kondüktör
cobrador

tamirci
mecánico

kaptan
capitán

dişçi
odontólogo

bilim insanı
científico

haham
rabino

imam
imam

keşiş
monje

rahip
párroco

aletler
herramientas

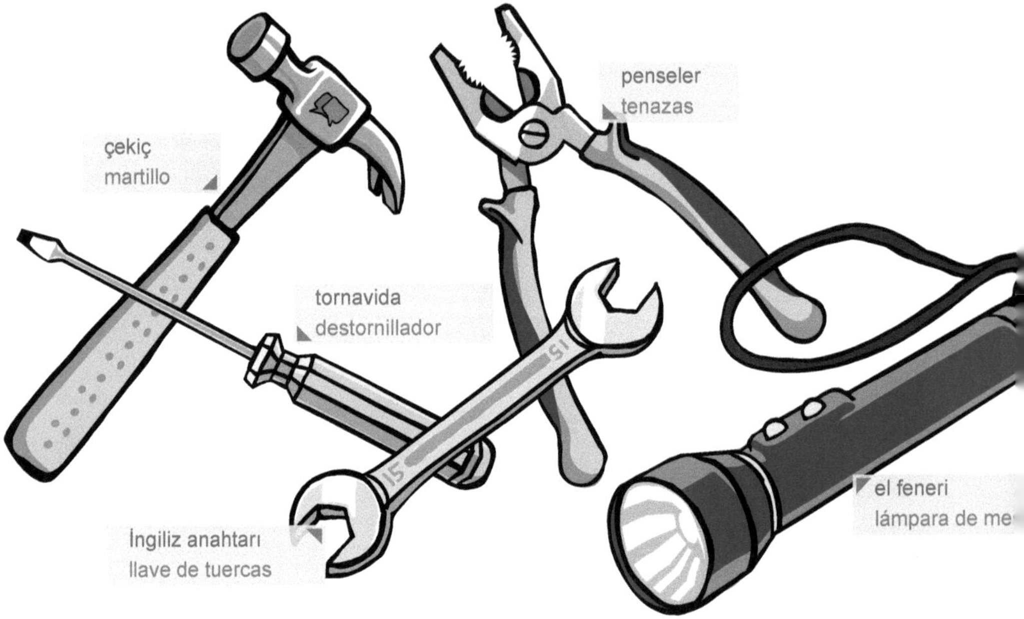
penseler
tenazas
çekiç
martillo
tornavida
destornillador
el feneri
lámpara de me
İngiliz anahtarı
llave de tuercas

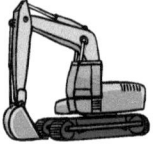

kazı makinesi

excavadora

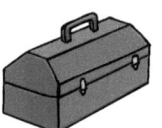

alet çantası

caja de herramientas

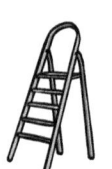

merdiven

escalerilla

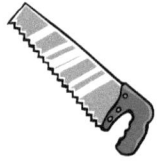

testere

serrucho

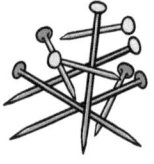

çiviler

clavos

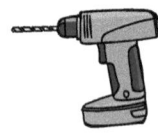

matkap

taladro

tamir etmek

reparar

kürek

pala

Kahretsin!

¡Maldición!

faraş

recogedor

boya tenekesi

lata de pintura

vidalar

tornillos

müzik enstrümanı
instrumentos musicales

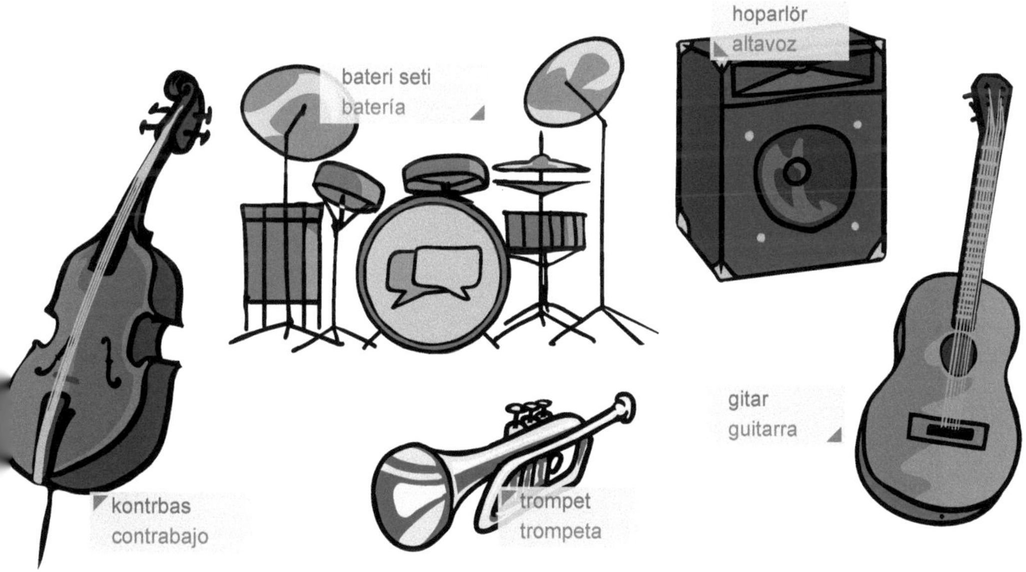

hoparlör
altavoz

bateri seti
batería

gitar
guitarra

kontrbas
contrabajo

trompet
trompeta

piyano
piano

keman
violín

basgitar
bajo

timpani
timbales

bateri
tambor

klavye
teclado

saksafon
saxofón

flüt
flauta

mikrofon
micrófono

hayvanat bahçesi
zoológico

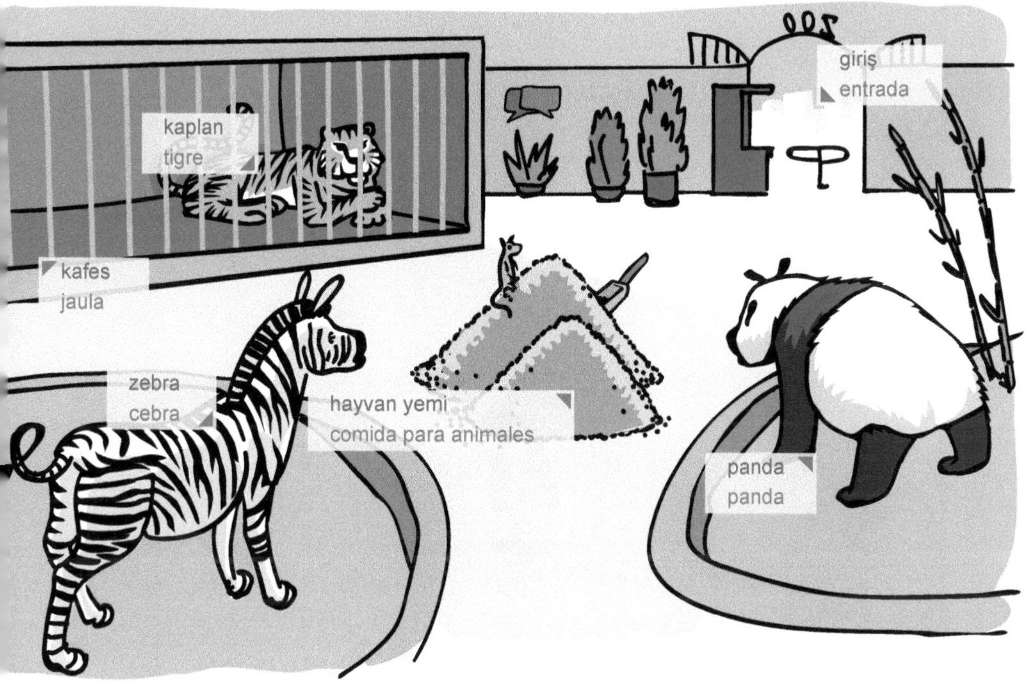
giriş
entrada
kaplan
tigre
kafes
jaula
zebra
cebra
hayvan yemi
comida para animales
panda
panda

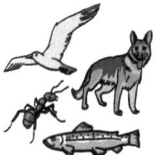

hayvanlar

animales

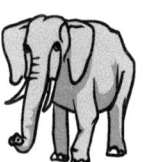

fil

elefante

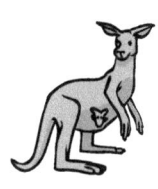

kanguru

canguro

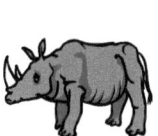

gergedan

rinoceronte

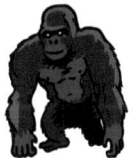

goril

gorila

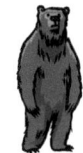

ayı

oso

deve

camello

deve kuşu

avestruz

aslan

león

maymun

mono

flamingo

flamengo

papağan

papagayo

kutup ayısı

oso polar

penguen

pingüino

köpek balığı

tiburón

tavus kuşu

pavo real

yılan

serpiente

timsah

cocodrilo

hayvanat bahçesi görevlisi

cuidador del zoológico

fok

foca

jaguar

jaguar

midilli atı

pony

leopar

leopardo

su aygırı

hipopótamo

zürafa

jirafa

kartal

águila

yaban domuzu

jabalí

balık

pescado

kaplumbağa

tortuga

mors

morsa

tilki

zorro

ceylan `

gacela

amerikan futbolu
fútbol americano

bisiklete binme
ciclismo

tenis
tenis

basketbol
baloncesto

yüzme
natación

boks
boxeo

buz hokeyi
hockey sobre hielo

futbol
fútbol

badminton
badminton

atletizm
atletismo

hentbol
balonmano

kayak
esquí

polo
polo

etkinlikler
actividades

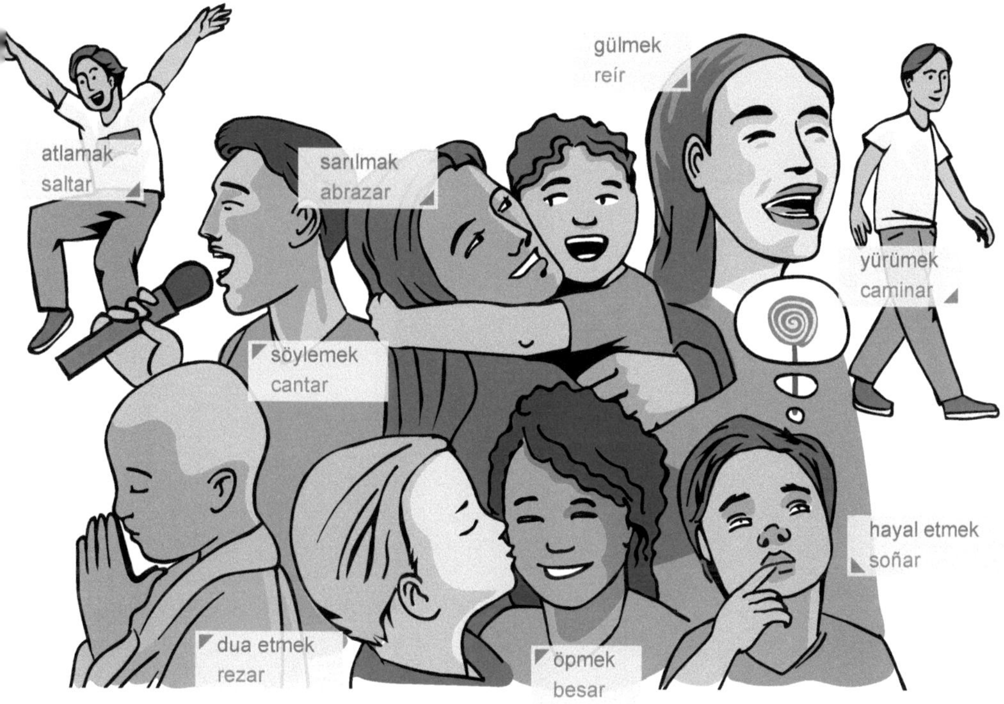
gülmek
reír
atlamak
saltar
sarılmak
abrazar
yürümek
caminar
söylemek
cantar
hayal etmek
soñar
dua etmek
rezar
öpmek
besar

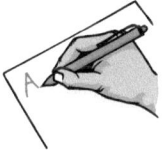

yazmak
escribir

çizmek
dibujar

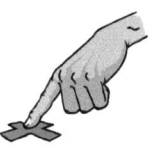

göstermek
mostrar

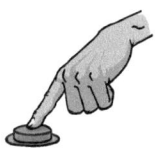

itmek
presionar

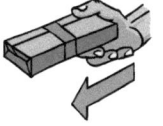

vermek
dar

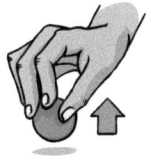

almak
tomar

sahip olmak

tener

yapmak

hacer

olmak

ser

ayakta durmak

estar de pie

koşmak

correr

çekmek

tirar

atmak

arrojar

düşmek

caer

yalan söylemek

estar acostado

beklemek

esperar

taşımak

llevar

oturmak

estar sentado

giyinmek

vestirse

uyumak

dormir

uyanmak

despertar

bakmak
mirar

ağlamak
llorar

vurmak
acariciar

taramak
peinarse

konuşmak
conversar

anlamak
entender

sormak
preguntar

dinlemek
oír

içmek
beber

yemek
comer

düzenlemek
asear

sevmek
amar

pişirmek
cocinar

sürmek
conducir

uçmak
volar

denize açılmak

navegar

hesapla

calcular

okumak

leer

öğrenmek

aprender

çalışmak

trabajar

evlenmek

casarse

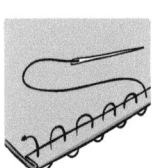

dikmek

coser

diş fırçalamak

limpiarse los dientes

öldürmek

matar

sigara içmek

fumar

yollamak

enviar

aile
familia

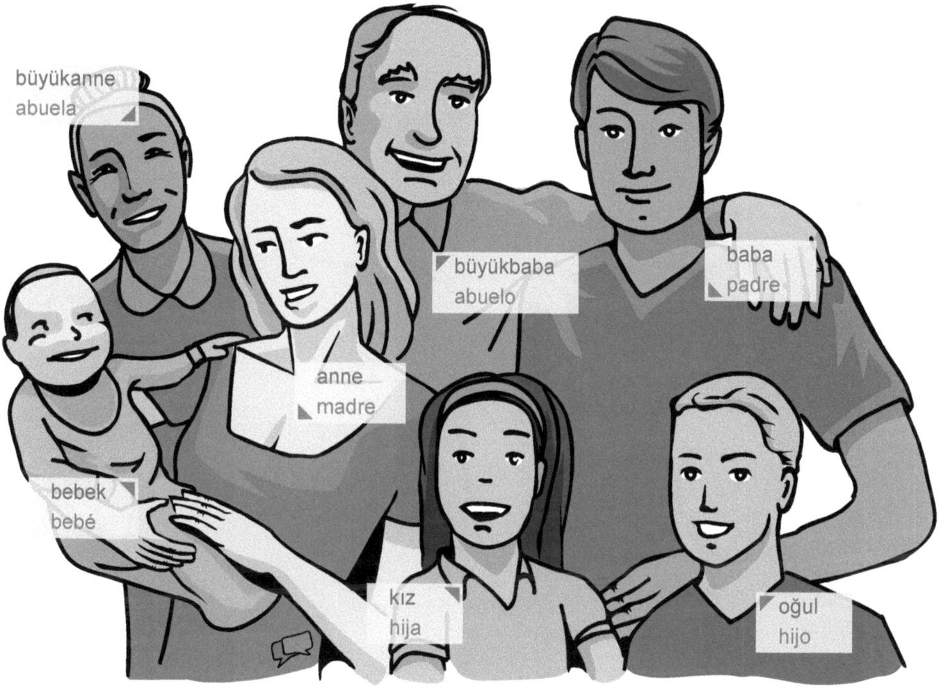

büyükanne
abuela
büyükbaba
abuelo
baba
padre
anne
madre
bebek
bebé
kız
hija
oğul
hijo

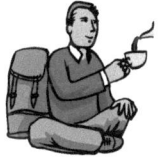

misafir

invitado

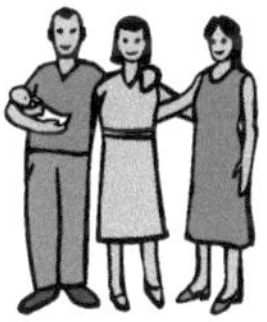

teyze

tía

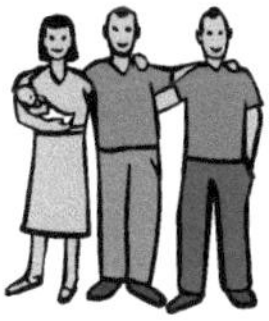

amca

tío

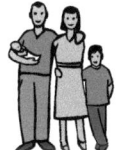

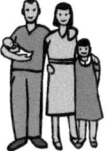

erkek kardeş

hermano

kız kardeş

hermana

vücut

cuerpo

alın
frente
göz
ojo
omuz
hombro
parmak
dedo
yüz
cara
çene
barbilla
el
mano
bacak
pierna
yöğüs
pecho
kol
brazo

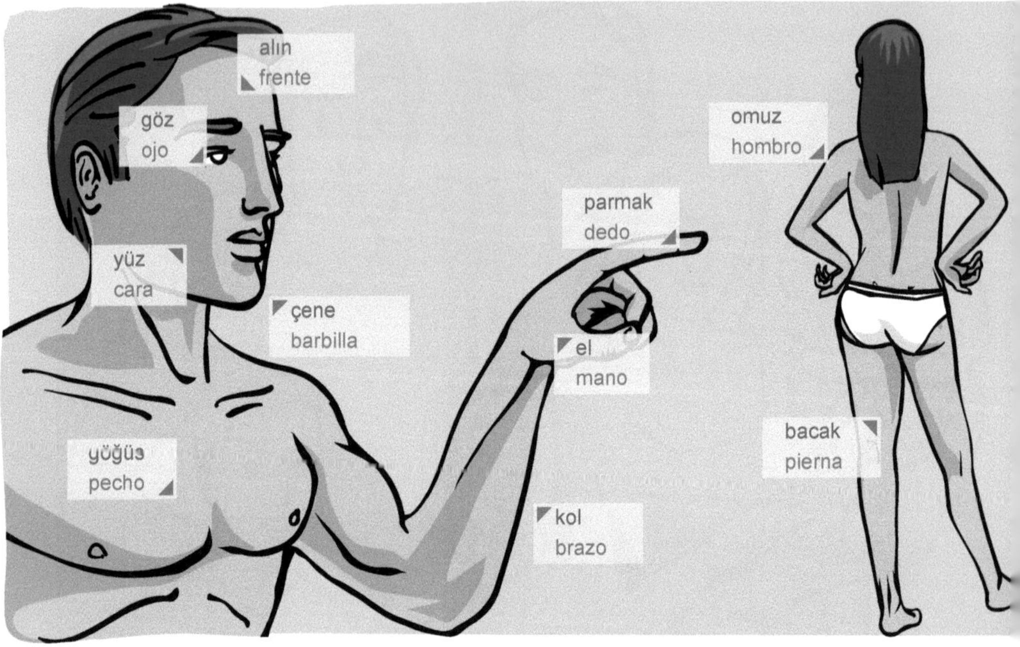

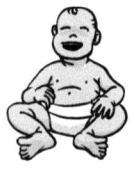

bebek

bebé

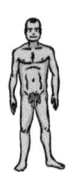

adam

hombre

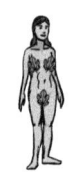

kadın

mujer

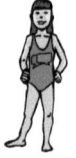

kız

muchacha

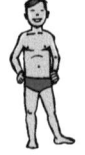

erkek çocuk

joven

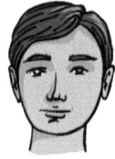

baş

cabeza

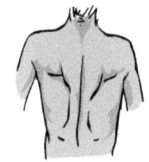

sırt

espalda

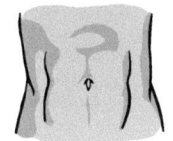

karın

vientre

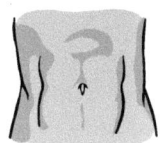

göbek

ombligo

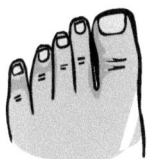

ayak parmağı

dedo del pie

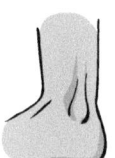

topuk

talón

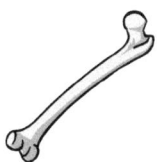

kemik

hueso

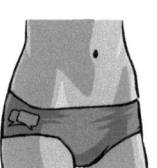

kalça

cadera

diz

rodilla

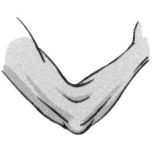

dirsek

codo

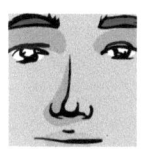

burun

nariz

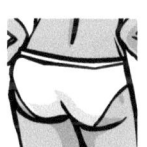

kalça

trasero

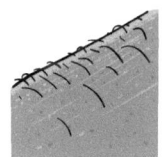

deri

piel

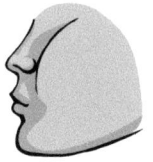

yanak

mejilla

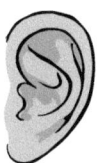

kulak

oreja

dudak

labio

ağız
boca

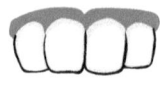

diş
diente

dil
lengua

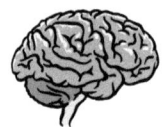

beyin
cerebro

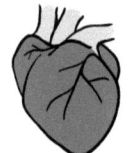

kalp
corazón

kas
músculo

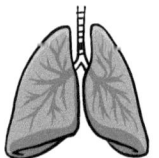

akciğer
pulmón

karaciğer
hígado

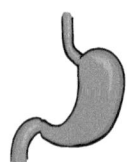

mide
estómago

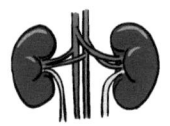

böbrekler
riñones

seks
relación sexual

prezervatif
condón

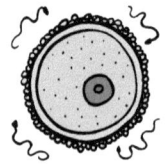

yumurtalık
Óvulo

sperm
esperma

hamilelik
embarazo

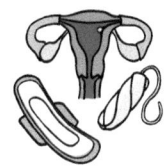

regl
menstruación

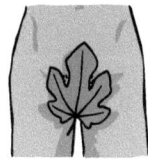

vajina
vagina

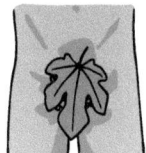

penis
pene

kaş
ceja

saç
cabello

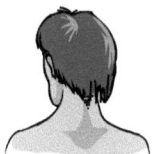

boyun
cuello

hastane
hospital

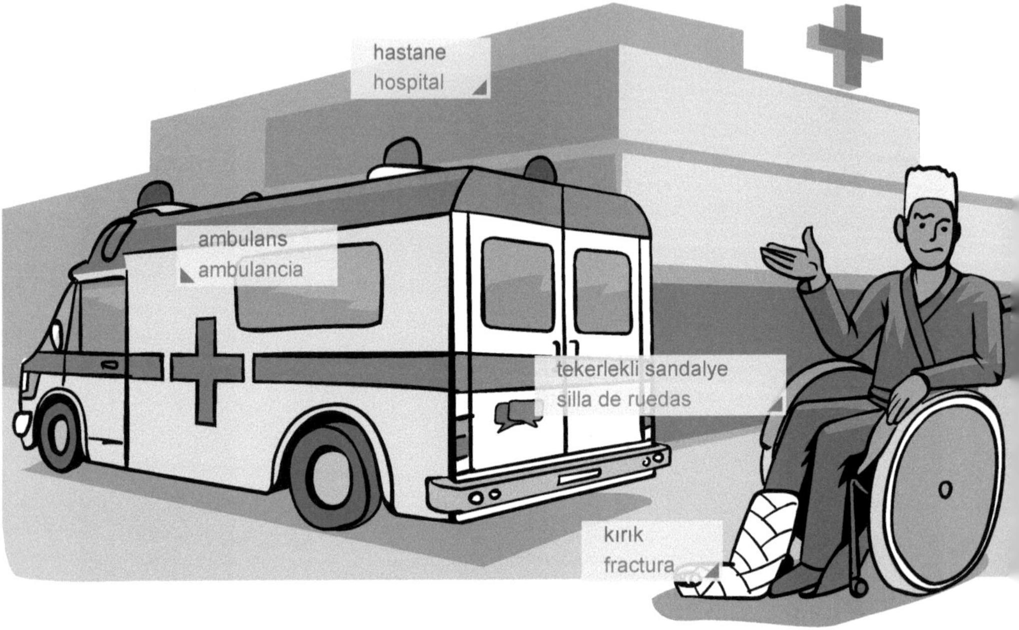

hastane
hospital
ambulans
ambulancia
tekerlekli sandalye
silla de ruedas
kırık
fractura

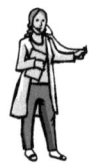

doktor
médico

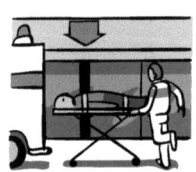

acil servis
admisión de urgencia

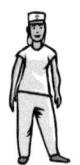

hemşire
enfermera

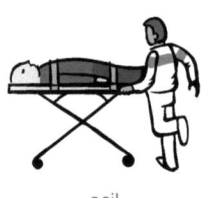

acil
emergencia

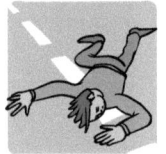

baygın
inconsciente

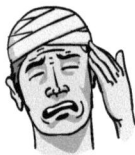

acı
dolor

yaralanma

lesión

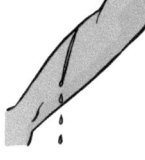

kanama

hemorragia

kalp krizi

infarto de miocardio

felç

apoplejía cerebral

alerji

alergia

öksürük

tos

ateş

fiebre

grip

gripe

ishal

diarrea

baş ağrısı

dolor de cabeza

kanser

cáncer

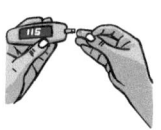

şeker hastalığı

diabetes

cerrah

cirujano

neşter

escalpelo

operasyon

operación

bilgisayarlı tomografi

TC

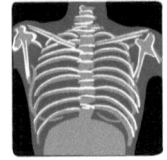

röntgen

rayos X

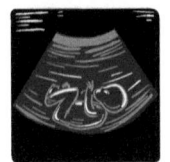

ultrason

ultrasonido

yüz maskesi

máscara

hastalık

enfermedad

bekleme odası

sala de espera

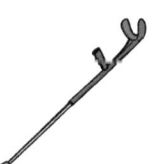

koltuk değneği

muleta

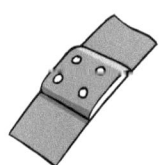

yara bandı

emplasto

bandaj

vendaje

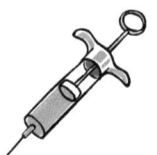

enjeksiyon

inyección

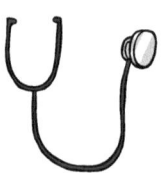

steteskop

estetoscopio

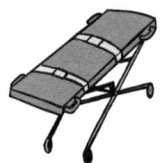

sedye

camilla

tıbbi termometre

termómetro

doğum

nacimiento

fazla kilo

sobrepeso

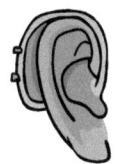

işitme cihazı
audífono

dezenfektan
desinfectante

enfeksiyon
infección

virüs
virus

HIV / AIDS
VIH / SIDA

ilaç
medicina

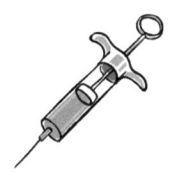

aşı
vacunación

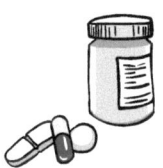

tablet
comprimido

hap
píldora anticonceptiva

acil çağrı
llamada de emergencia

tansiyon aleti
medidor de presión arterial

hasta / sağlıklı
enfermo / saludable

İmdat!

¡Ayuda!

darp

asalto

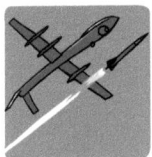

saldırı

ataque

tehlike

peligro

acil çıkış

salida de emergencia

alarm

alarma

yangın tüpü

extintor

kaza

accidente

Yangın!

¡Fuego!

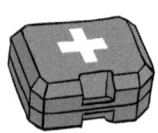

ilk yardım çantası

kit de primeros auxilios

imdat

SOS

polis

Policía

Avrupa

Europa

Kuzey Amerika

América del Norte

Güney amerika

América del Sur

Afrika

África

Asya

Asia

Avustralya

Australia

Atlantik

Atlántico

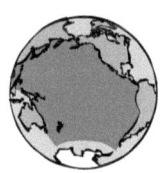

Pasifik

Pacífico

Hint Okyanusu

Océano Índico

Antarktika Okyanusu

Océano Antártico

Arktik Okyanusu

Océano Ártico

Kuzey Kutbu

Polo Norte

Güney Kutbu

Polo Sur

Antarktika

Antártida

dünya

Tierra

kara

país

deniz

mar

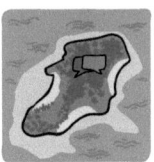

ada

isla

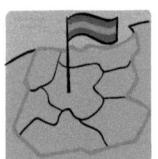

ulus

nación

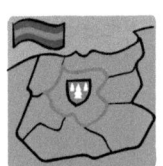

ülke

Estado

kadran
cuadrante

akrep
horario

yelkovan
minutero

saniye ibresi
segundero

Saat kaç?
¿Qué hora es?

gün
día

zaman
tiempo

şimdi
ahora

dijital saat
reloj digital

dakika
minuto

saat
hora

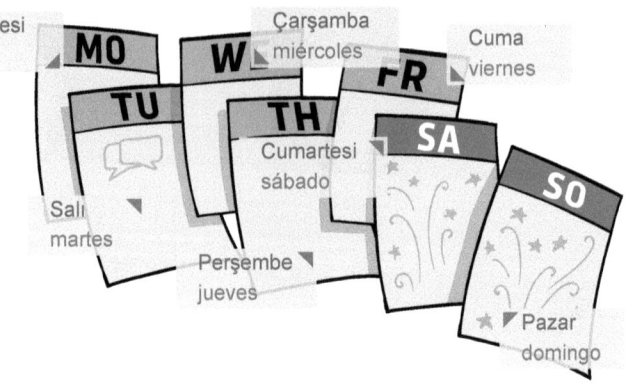

Pazartesi / lunes — MO
Salı / martes — TU
Çarşamba / miércoles — W
Perşembe / jueves — TH
Cuma / viernes — FR
Cumartesi / sábado — SA
Pazar / domingo — SO

dün
ayer

bugün
hoy

yarın
mañana

sabah
mañana

öğle
mediodía

akşam
tarde

MO	TU	WE	TH	FR	SA	SU
1	2	3	4	5	6	7
8	9	10	11	12	13	14
15	16	17	18	19	20	21
22	23	24	25	26	27	28
29	30	31	1	2	3	4

iş günleri
jornada de trabajo

MO	TU	WE	TH	FR	SA	SU
1	2	3	4	5	6	7
8	9	10	11	12	13	14
15	16	17	18	19	20	21
22	23	24	25	26	27	28
29	30	31	1	2	3	4

hafta sonu
fin de semana

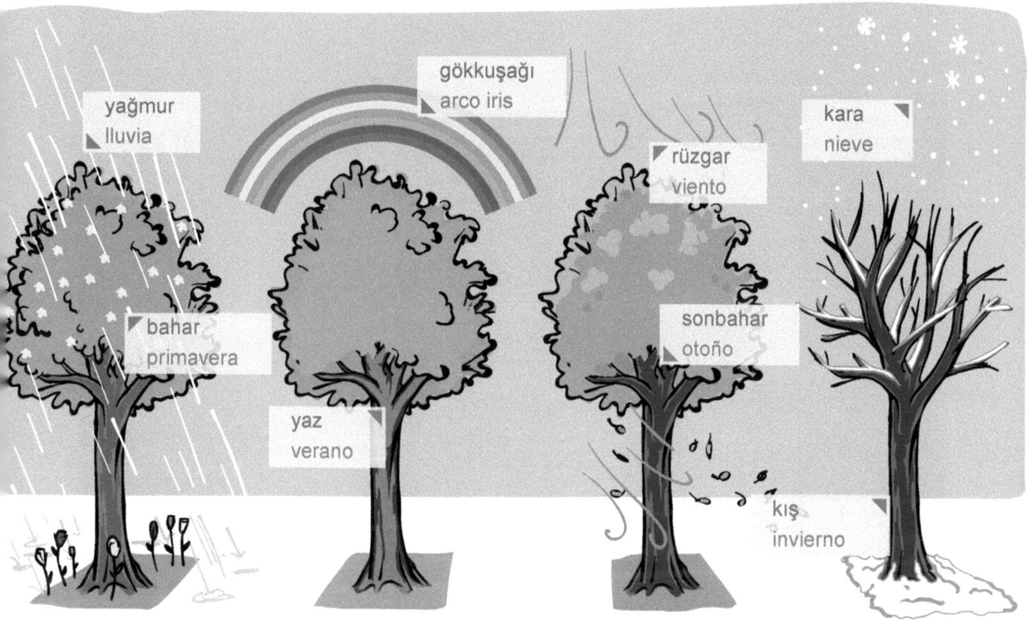

yağmur
lluvia
gökkuşağı
arco iris
rüzgar
viento
kara
nieve
bahar
primavera
yaz
verano
sonbahar
otoño
kış
invierno

4.APRIL 11°
5.APRIL 4°
6.APRIL 13°
7.APRIL 8°
8.APRIL 10°

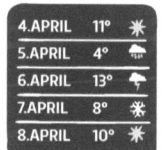

hava durumu tahmini

pronóstico meteorológico

F C
120 40
90 30
60 20
30 10
0 0
-30 -10
-20

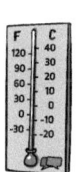

termometre

termómetro

güneş ışığı

luz solar

bulut

nube

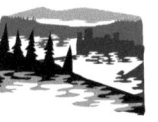

sis

niebla

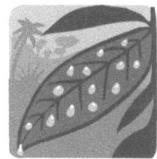

nem

humedad ambiente

şimşek

relámpago

gök gürültüsü

trueno

fırtına

tormenta

dolu

granizo

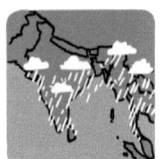

muson

monzón

sel

inundación

buz

hielo

Ocak

enero

Şubat

febrero

Mart

marzo

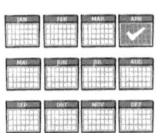

Nisan

abril

Mayıs

mayo

Haziran

junio

Temmuz

julio

Ağustos

agosto

yıl - año

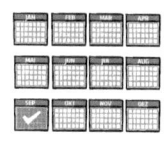

Eylül
....
septiembre

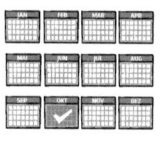

Ekim
....
octubre

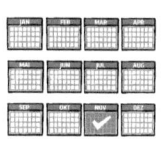

Kasım
....
noviembre

Aralık
....
diciembre

şekiller
formas

daire
....
círculo

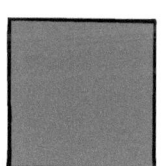

kare
....
cuadrado

dikdörtgen
....
rectángulo

üçgen
....
triángulo

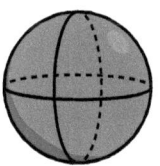

küre
....
esfera

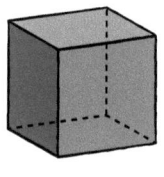

küp
....
cubo

beyaz

blanco

sarı

amarillo

turuncu

anaranjado

pembe

rosa

kırmızı

rojo

mor

lila

mavi

azul

yeşil

verde

kahverengi

marrón

gri

gris

siyah

negro

çok / az

mucho / poco

kızgın / sakin

enojado / calmado

güzel / çirkin

bonito / feo

başlangıç / son

comienzo / fin

büyük / küçük

grande / pequeño

parlak / karanlık

claro / oscuro

erkek kardeş / kız kardeş

hermano / hermana

temiz / kirli

limpio / sucio

tamam / eksik

completo / incompleto

gün / gece

día / noche

ölü / canlı

muerto / vivo

geniş / dar

ancho / angosto

yenilebilir / yenilemez

disfrutable / no disfrutable

kötü / iyi

malo / amigable

heyecanlı / sıkılmış

excitado / aburrido

şişman / zayıf

gordo / delgado

ilk / son

primero / último

dost / düşman

amigo / enemigo

dolu / boş

lleno / vacío

sert / yumuşak

duro / suave

ağır / hafif

pesado / liviano

açlık / susuzluk

hambre / sed

hasta / sağlıklı

enfermo / saludable

yasa dışı / yasal

ilegal / legal

zeki / aptal

inteligente / tonto

sol / sağ

izquierda / derecha

yakın / uzak

cercano / lejano

yeni / kullanılmış

nuevo / usado

hiçbir şey / bir şey

nada / algo

yaşlı / genç

viejo / joven

açma / kapama

encendido / apagado

açık / kapalı

abierto / cerrado

sessiz / gürültülü

bajo / fuerte

zengin / fakir

rico / pobre

doğru / yanlış

correcto / incorrecto

pürüzlü / düz

áspero / liso

üzgün / mutlu

triste / alegre

kısa / uzun

breve / extenso

yavaş / hızlı

lento / veloz

ıslak / kuru

mojado / seco

sıcak / serin

caliente / frío

savaş / barış

guerra / paz

0

sıfır

cero

1

bir

uno

2

iki

dos

3

üç

tres

4

dört

cuatro

5

beş

cinco

6

altı

seis

7

yedi

siete

8

sekiz

ocho

9

dokuz

nueve

10

on

diez

11

on bir

once

12
on iki
doce

13
on üç
trece

14
on dört
catorce

15
on beş
quince

16
on altı
dieciséis

17
on yedi
diecisiete

18
on sekiz
dieciocho

19
on dokuz
diecinueve

20
yirmi
veinte

100
yüz
cien

1.000
bin
mil

1.000.000
milyon
millón

İngilizce

inglés

Amerikan İngilizcesi

inglés estadounidense

Çince (Mandarin)

chino mandarín

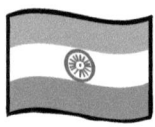

Hintçe

hindi

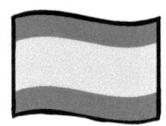

İspanyolca

español

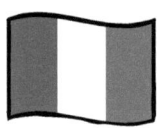

Fransızca

francés

Arapça

árabe

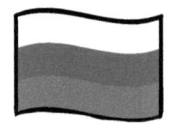

Rusça

ruso

Portekizce

portugués

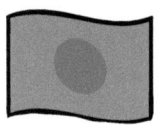

Bengalce

bengalí

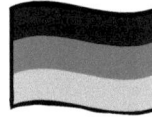

Almanca

alemán

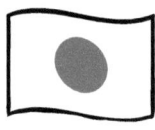

Japonca

japonés

ben
yo

sen
tú

o
él / ella

biz
nosotros

siz
vosotros

onlar
ellos

kim?
¿quién?

ne?
¿qué?

nasıl?
¿cómo?

nerede?
¿dónde?

ne zaman?
¿cuándo?

isim
nombre

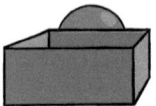

arkasında

detrás

içinde

en

önünde

delante de

üzerinde

encima de

üstünde

sobre

altında

debajo de

yanında

junto a

arasında

entre

yer

lugar